LES ANNÉES D'EXIL

D'UN

CURÉ DE CAMPAGNE

(1791-1802)

LES ANNÉES D'EXIL

D'UN

CURÉ DE CAMPAGNE

(1791-1802)

Jean-Michel Goumet naquit à Châteauroux, le 9 août 1758, de l'union bénie par Dieu, de F. Goumet avec Sylvie-Marguerite Bidault. Son enfance s'écoula triste et maladive, jusqu'à l'âge de six ans, il ne put ni parler ni marcher, l'on crut que l'enfant resterait infirme, et déjà l'on commençait à désespérer, lorsque le Ciel accorda aux parents son entière guérison. L'enfant fut alors placé au collége royal de Bourges ; il en suivit les cours avec succès ; nous voyons, en effet, sur les listes de récompenses du 6 septembre 1775 qu'il obtint cette année, l'accessit unique d'excellence, ceux de versions grecque et latine et une mention honorable en mémoire : il était alors en seconde et n'avait que dix-sept ans. Ses études terminées, le jeune homme, qui se destinait au sacerdoce, entra au grand séminaire ; son nom y était déjà connu. Son oncle, ancien bénéficier de Saint-Ursin, puis chanoine de la collégiale de Notre-Dame de Sales, s'était fait remarquer à Bourges par ses travaux de gnomonique ; en 1757, il avait tracé la ligne méridienne qui traverse le pavage de la cathédrale, œuvre estimée par les savants qui ont vérifié plusieurs fois son exactitude, et que Mgr de La Tour d'Auvergne a fait restaurer ces dernières années.

Le jeune prêtre sortit du séminaire en 1782, et l'Archevêque l'envoya à Venesmes comme vicaire. Il y demeurait depuis six années, lorsque la cure de Jussy-Champagne étant venue à vaquer par le décès de M. Bourdeaux (4 janvier 1789), le chapitre de Saint-Etienne, collateur de ce bénéfice, la lui conféra, et Mgr de Puységur lui envoya sa nomination en date du 30 janvier. Jean-Michel, ses affaires terminées, se rendit aussitôt à son nouveau poste, le 17 février, il signait son premier acte sur le registre paroissial.

L'on touchait alors à de graves événements, les Etats-Généraux allaient s'ouvrir, et les esprits, partagés entre la crainte et l'espérance, attendaient dans l'anxiété. Le mercredi 15 avril 1789, Mgr de Puységur, premier représentant de son clergé aux Etats, invitait ses diocésains à s'unir aux ferventes prières qui allaient s'élever de toutes parts. Sa lettre pastorale réglait l'ordre des cérémonies qui devaient avoir lieu dans chaque église à cette occasion, l'ouverture des Etats étant fixée au 27 avril ; une grand'messe solennelle, précédée d'une procession générale, devait être célébrée dans l'église métropolitaine, et une messe du Saint-Esprit chantée dans toutes les églises du diocèse.

M. Goumet s'empressa de faire connaître à ses paroissiens le règlement de l'Archevêque et d'accomplir les cérémonies prescrites. Lui-même, comme nous le voyons dans ses notes, sentait toute la gravité de l'heure présente, et en recommandait à Dieu l'issue favorable. Déjà il affectionnait le petit troupeau confié à ses soins. Ce n'était pas une paroisse bien considérable, circonscrite dans la grande plaine qui lui a donné son nom, elle échelonnait les maisons de son petit village sur la rive droite assez relevée de la Choître, autour de sa vieille église romane ombragée de quelques gros noyers. Çà et là, dans la plaine monotone, les toits de chaume des métairies s'élèvent au-dessus des arbres de leurs vergers, et tout au bas du bourg se cachent à demi dans ses grands ombrages, les toitures aiguës du château seigneurial ; c'est une fière construction du règne de Louis XIII qui se développe majestueusement avec ses longues ailes de briques et de pierres taillées, ses arcades et ses pavillons entourés de fossés pleins d'eau. A cette époque de 1789, Etienne Labbe de Champgrand et Marie-Madeleine Agard de Morogues, sa mère, étaient tranquilles possesseurs de la seigneurie et justice de Jussy-Champagne, ils l'avaient acquise par contrat du 10 juillet 1759, au prix de 110,000 livres, de messire Albert-Mathias de Clermont, marquis de Gaucourt, et de Marie-Madeleine de Thoret, son épouse. Près de l'église romane, flanquée au midi d'une chapelle gothique du XVe siècle, s'étend l'enclos du presbytère, une maison basse sert d'habitation au curé, à côté une grange, autour un vaste jardin. Ces deux demeures, si différentes d'aspect, sont alors la providence du village, et les pauvres connaissent depuis longtemps le chemin qui conduit au logis du prêtre, car la charité, quelque nom qu'elle y ait porté, n'a jamais abandonné son toit.

A peine installé, M. Goumet s'était attiré l'estime et l'affection générale par son zèle et son dévouement. Partageant son temps entre les devoirs de son ministère, il recherchait déjà curieusement les moindres particularités de l'histoire de sa paroisse, de sa configuration, de ses vieux souvenirs, et, avec sa fine pénétration, compulsant, transcrivant, annotant ses registres paroissiaux, il commençait cette ample collection de remarques où se peint naïvement toute la candeur de son âme.

En entrant à la cure, un de ses premiers soins avait été de recueillir ce qu'il pouvait y avoir d'archives soit au presbytère, soit à la sacristie. Ses recherches, paraît-il, furent vaines, car à la fin du registre de 1789, il exhorte ses successeurs à laisser en note à la dernière page de chaque registre, le détail « sur ce qu'ils ont fait, ou sur ce qui est « arrivé de leur temps et concernant la cure ou la paroisse à chaque « année, ma résolution, dit-il, est d'en remplir la page ultime de cha- « que registre... Je me promets de rechercher l'origine, l'institution « de la cure, de l'église, les noms des seigneurs de cette paroisse. Si « je peux voir se faire les réparations à ma cure, je travaillerai à dé- « couvrir ce que je pourrai. »

Tout en déplorant la perte des titres de la cure, et ne trouvant que des notes fort brèves des curés Lejeune et Perrot, M. Goumet multipliait, à cet effet, les renseignements sur ses registres, espérant amasser pour l'avenir les matériaux nécessaires à l'humble édifice qu'il voulait relever ; aussi, au milieu de ses occupations paisibles, ne prêtait-il qu'une oreille peu attentive aux sourds grondements de la tempête qui éclatait de toutes parts.

Le 5 mai, les États généraux s'étaient ouverts solennellement à Versailles, et déjà le 20 juin, la révolte triomphait au jeu de Paume, s'emparait le 14 juillet de la Bastille et, dans la nuit du 4 août, disparaissaient comme dans un tourbillon les privilèges et l'ancien ordre sacrifié. Dans les provinces, des bandes armées se jettent sur les châteaux, saccagent les chartriers et livrent aux flammes les titres de propriété. A Paris comme dans les campagnes ce sont des scènes de massacre et de pillage qui se répètent chaque jour écloses en cent lieux à la fois. Toute repression semble impuissante, et l'agitation populaire égarée comme un fleuve débordé menace de tout envahir. L'émeute refuse les impôts au roi, l'octroi aux villes, aux particuliers les redevances féodales. Le 2 septembre, le roi écrit aux archevêques et évêques de France, il demande des prières publiques dans tous les diocèses, et conjure les prélats d'exhorter les provinces au calme et à la concorde. « Monsieur « l'archevêque de Bourges, vous connaissez les troubles qui désolent « mon royaume, vous savez que dans plusieurs provinces, des bri- « gands et des gens sans aveu s'y sont répandus, et que non contents

« de se livrer eux-mêmes à toute sorte d'excès, ils sont parvenus à
« soulever l'esprit des habitants de la campagne et portent l'audace
« juqu'à contrefaire mes ordres, jusqu'à répandre de faux arrêts de
« mon conseil, ils ont persuadé qu'on exécuterait ma volonté ou qu'on
« répondrait à mes intentions en attaquant les châteaux et en détrui-
« sant les archives et les divers titres de propriété.... » Il pressait l'Archevêque de détromper son peuple, de l'exhorter à l'observation des
lois, à la patience dans les efforts tentés à ce moment même par le roi
et les hautes classes, tous tendaient au bonheur du peuple, au dégrè-
vement des impôts, à sa liberté, le roi lui-même était prêt à faire
tous les sacrifices, « même au dépens de la pompe et des plaisirs
« royaux qui, pour moi (disait-il), se sont changés en amertume ».

Cette lettre ou se peignait toute la générosité de l'âme de Louis XVI
était immédiatement reproduite par l'Archevêque en tête du Mande-
ment que le 7 du même mois il adressait de Versailles à son diocèse. « Vous avez entendu, écrivait-il, les accents pleins d'amertume
« et la douleur du roi, vous savez les forfaits accomplis par ces hommes
« audacieux qui n'ont pas craint de s'autoriser de son nom : les lois
« sont aujourd'hui violées ou méprisées, l'autorité méconnue ou avi-
« lie, les liens qui doivent réunir les différentes parties de cet Empire
« relâchés ou brisés, les impôts, ce nerf essentiel du bien public, refusés
« ou enlevés, les principes protecteurs de l'ordre et de la tranquillité
« oubliés ou contestés, la paix et le bonheur bannis partout du royaume
« et faisant place partout au désordre et à la licence... Voilà cepen-
« dant où nous a conduits cette philosophie audacieuse et coupable qui,
« dans ses fureurs, n'a attaqué le ciel que pour bouleverser la terre. »
Plein de tristesse le pieux Prélat conjurait les fidèles de se défier des
hommes perfides qui, sous prétexte de liberté, cherchaient à agiter les
esprits, il leur montrait la grandeur des sacrifices faits par les députés des deux ordres, le désintéressement du roi, le concours de tous
pour le bien général et en retour, il leur demandait la soumission due
aux princes et aux lois les plus sacrées. Puis, il ordonnait des prières
publiques de quarante heures dans toutes les églises du diocèse, elles
devaient commencer le 13 septembre dans l'église cathédrale.

Quelques semaines plus tard l'on apprenait au presbytère les excès
des journées des 5 et 6 octobre. Le roi, la reine et la cour avaient été
ramenés à Paris au chant du *Ça ira*, précédés d'une foule en délire,
brandissant les têtes sanglantes des gardes du corps massacrés. La
foudre déchirait les nuées amoncelées allumant dans les provinces
de grandes lueurs d'incendie, le comte d'Artois et les princes de Condé
se retiraient au delà du Rhin, et l'on racontait qu'une foule de gen-
tilshommes, ne trouvant plus de sûreté dans leurs châteaux, allaient
les rejoindre.

L'Assemblée nationale avait mis, à partir du 1er janvier 1790, toutes les cures à portion congrue, les recherches de M. Goumet sur les anciennes propriétés de son bénéfice tombèrent donc d'elles-mêmes, elles devenaient d'un seul intérêt historique, mais son presbytère menaçait ruines, et il faisait les démarches les plus actives pour ses réparations. En attendant, le 15 janvier, en conséquence du dépouillement de l'Eglise par la loi du 4 novembre, le curé envoyait la déclaration de ses revenus ecclésiastiques.

Cependant l'Assemblée ne s'arrêtait pas dans son œuvre de destruction, renversant tout autour d'elle sous prétexte de réformes, elle abolissait, le 13 février, les vœux monastiques et les ordres religieux ; le 24 du même mois les droits féodaux étaient supprimés, le 19 juin disparaissaient les titres de noblesse, les ordres militaires et toutes les distinctions honorifiques. Enfin le 12 juillet la constitution civile du clergé était décrétée, et Louis XVI, trompé par les hommes qui devaient l'éclairer, l'approuvait le 24 août.

L'on pouvait dès lors prévoir à quels excès allait aboutir cette constitution nouvelle qui bouleversait tous les principes du droit ancien, partageait les diocèses, rendait les évêques électifs, et ouvrait le sanctuaire dépouillé à toutes les intrigues. Au sein de l'Assemblée où il siégeait, l'archevêque de Bourges refusa son adhésion à une loi hérétique et schismatique tout à la fois ; son refus de serment entraînait sa déchéance, il n'hésita pas.

Si jusqu'ici les prêtres fidèles avaient pu se désintéresser des événements politiques en attendant le retour de la paix, le décret du 27 novembre 1790 leur arracha ce dernier espoir : tout bénéficier était contraint de prêter serment de fidélité à la constitution du clergé ou d'abandonner sa charge.

La constitution ne fut publiée que vers le 8 octobre, encore n'eut-elle pas son application immédiate, car le Chapitre de la cathédrale continua, jusqu'au 11 janvier 1791, à se réunir. Cependant les municipalités commençaient leur office, et, le dimanche 30 janvier, les curés du diocèse de Bourges furent appelés à se prononcer. M. Goumet, comprenant les erreurs de la constitution, ne prêta le serment qu'avec restriction, et inscrivit sur le registre « le détail des voies de pru-« dence, de religion et de conscience (qu'il avait) prises avant de le « prêter ». D'ailleurs cette restriction de serment, qui condamnait tout ce que l'on avait voulu y renfermer, était bientôt considérée comme nulle, et le Pape, dans son bref du 10 mars, défendait à tout ecclésiastique de reconnaître la constitution civile du clergé qu'il appelait, dans un bref du 13 avril, une œuvre hérétique et schismatique, et il enjoignait à tout prêtre qui lui avait prêté serment de se rétracter sous quarante jours.

La persécution devenait générale. La plupart des prêtres, dits *réfractaires*, avaient dû abandonner leur troupeau et Mgr de Puységur, privé de sa dignité, s'était retiré à l'étranger. L'on avait déclaré le siége vacant, et l'assemblée électorale du département s'était réunie pour lui nommer un successeur. Le lundi 21 mars 1791 une lettre des commissaires de l'assemblée invite le directoire du département à la messe solennelle qui doit être célébrée à la Métropole du Centre, le nom de l'évêque élu y devant être proclamé solennellement. Le directoire s'y rendit. M. Charrier de la Roche avait été choisi par les électeurs. Le nouvel évêque, prévenu de sa nomination, répondit le 25 mars qu'il ne pouvait accepter, ayant agréé depuis deux jours le siége épiscopal de Rouen (1). De nouvelles élections eurent lieu aussitôt, et les suffrages se portèrent sur Pierre-Anastase Torné, ancien membre de la congrégation des Doctrinaires, prédicateur distingué, mais plus connu encore par ses opinions nouvelles. Le dimanche 8 mai, Torné faisait son entrée solennelle par la porte Saint-Sulpice; il y était complimenté par le procureur de la commune et les membres des directoires du département et du district. Précédé de la garde nationale, le cortége, longeant l'ancien parcours suivi pour l'installation des archevêques, montait les degrés de la cathédrale et entrait dans le chœur où l'évêque intrus prenait possession du siége épiscopal.

Mais déjà l'Archevêque de Bourges, dans sa fidélité inviolable au Saint-Siége, avait protesté contre l'élection de l'Evêque Torné. Il s'était adressé aux électeurs du département du Cher, les suppliant de ne pas consommer le schisme, qu'aucune déposition ne pouvait lui retirer le gouvernement de son diocèse et qu'il protestait d'avance contre tout ce qui allait se faire, le morcellement de son vaste diocèse, l'érection des nouveaux siéges, les circonscriptions nouvelles, les suppressions des cures. En même temps il défendait à tous les prêtres et fidèles de reconnaître comme pasteurs les évêques ainsi nommés.

L'appel de l'Archevêque n'avait pas été sans retentissement. M. Goumet refusant les innovations de la Constitution était remplacé à Jussy par un prêtre intrus, Moulin, dont le premier acte est du 30 juin 1791. L'ancien pasteur se retira alors à la métairie de Biou, où il continua d'évangéliser la paroisse jusqu'au départ de l'intrus qui, après être resté trois mois et quelques jours dans sa cure, la quitta le 5 octobre. « Je donnais (dit M. Goumet) la messe les dimanches et fêtes à ma « paroisse pour lui fournir les moyens de ne pas tomber dans le « schisme et pour remplir mon devoir de pasteur. » Il continua cepen-

---

(1) Cahier des procès-verbaux des séances du directoire du département du Cher. Séances des 21 et 28 mars 1791. (*Archives du Cher.*)

dant à habiter Biou jusqu'au 1ᵉʳ janvier 1792 ; douze ou treize de ses principaux paroissiens et municipaux ayant alors présenté au District une requête qui fut favorablement accueillie, le bon prêtre put rentrer le 9 à son presbytère au milieu de tous ses paroissiens qui vinrent le chercher à Biou pour lui témoigner leur bonheur.

C'était, hélas ! pour peu de temps, car le 13 mars M. Goumet signait une dernière fois le registre paroissial ; un nouvel intrus le remplaçait quelques jours plus tard, Singer, ex-capucin de Saint-Amand, fanatique des plus exaltés.

Chassé une seconde fois de sa cure, M. Goumet se retira dans une dépendance du château. Mme de Champgrand était alors absente ; le 22 mars il lui écrivait pour la remercier de sa pieuse hospitalité qui lui permettait de rester à la portée du petit nombre de catholiques restés fidèles ; le même jour il envoyait une longue lettre au Conseil municipal, où il réclamait pour lui et les catholiques cette liberté si proclamée : « Je me dois à ma paroisse tout entière ; je ne puis de mon « chef, refuser et ôter au petit nombre des fidèles catholiques la res- « source de me voir, de me consulter et d'assister à la messe. » Il refusait en terminant, de quitter son asile sans qu'un ordre des Tribunaux administratifs ou judiciaires fût venu l'y contraindre.

Mais que pouvaient ces protestations alors que tout croulait sous l'orage et se brisait sous ses coups ! Le 26 août, un décret condamnait à la déportation les prêtres réfractaires qui, dans les quinze jours, n'auraient pas quitté le territoire ; il était publié à Bourges dans les premiers jours de septembre (1). M. Goumet n'avait pas attendu cette dernière injonction, préférant l'exil au schisme, il s'était adjoint à quelques vaillants prêtres, MM. Claveau, Moreau, Bonamy, et tous avaient pris la route d'Italie.

Le 1ᵉʳ septembre étant à Châteauroux, où il se cachait dans sa famille depuis quelque temps, il se rendit avec M. Claveau au bureau des passeports ; la municipalité leur fit éprouver mille tracas, les renvoyant d'une administration à une autre, cependant ils purent partir le 2. Ils passèrent par Issoudun où on tenait alors une assemblée électorale. A Poupelin M. Goumet quitta M. Claveau pour aller coucher à Trumeaux, d'où il partit le 3 pour Saint-Amand, son compagnon devait l'y rejoindre, mais ayant été reconnu comme prêtre et craignant d'être arrêté, il poursuivit jusqu'à Moulins où il arriva le 6. Là il rencontra M. Desbeauplains, curé de Colombiers, et se rendit avec lui à La Palisse où M. Claveau les rejoignit. On fit force diligence et la petite troupe, évitant les bataillons qui se portaient au secours de Paris,

---

(1) Soixante mille prêtres quittèrent la France à cette époque. Parmi eux l'on compte plus de trente mille curés ou vicaires.

arriva le 7 à Roanne et le 8 à Lyon. Cette ville offrait alors un affreux spectacle et les fugitifs se heurtèrent à un cortège de cannibales qui hurlaient et dansaient dans les rues autour de cinq têtes de prêtres portées sur des piques. Dans une de ces rencontres M. Thavenet qui venait rejoindre MM. Goumet et Claveau fut entouré et contraint par la populace de prendre dans ses mains la tête d'une des malheureuses victimes, le sang ruisselant à flots il la jeta par terre et se précipita dans une maison ; on allait le massacrer sur son aveu qu'il était prêtre lorsque sa jeunesse parut toucher le cœur de ses bourreaux qui le laissèrent s'échapper.

Pendant ce temps M. Goumet et son compagnon étaient descendus dans une auberge où ils avaient rencontré quelques prêtres de Nevers fugitifs comme eux. Un officier municipal se chargea de faire signer leurs passeports et ils s'empressèrent de fuir une ville où ils couraient de si grands dangers.

Le 10 ils arrivaient à Bourgoin près des frontières de Savoie. A leur arrivée une bande de forcenés se précipite sur la voiture et en arrache par les cheveux les malheureux voyageurs. M. Goumet s'enfuit avec un vieillard de Cahors, il est frappé par un garde national de deux coups de baïonnette, plus heureux que lui le pauvre octogénaire évite les trois coups qui vont le percer ! Cependant la municipalité et les officiers s'efforcent de rétablir l'ordre, on vise les passeports des voyageurs et on leur donne une escorte de trois gendarmes, quinze gardes nationaux et autant de citoyens. Mais la populace altérée de sang les suivait en hurlant et voulait les massacrer hors de la ville ; l'officier commandant l'escorte ne les sauva qu'en paraissant leur plus fougueux ennemi, un coup de feu cependant traversa la voiture et effleura M. Geoffrenet.

A la Tour du Pin, les proscrits furent accueillis par une troupe de frénétiques, les femmes paraissaient, dirent-ils, autant de furies. L'on délibérait sur le genre de mort qu'on leur ferait subir, lorsqu'un prêtre de Grenoble arriva avec un enfant ; on se mit aussitôt à les dépouiller, pendant ce temps les fugitifs sautèrent par les fenêtres et se jetèrent dans leur voiture attelée de chevaux de poste. Ils traversèrent le camp des Abres, où ils furent reçus avec humanité surtout par les troupes de ligne, mais les dangers de la journée avaient été tels qu'ils ne purent prendre de nourriture qu'à dix heures du soir.

Le 11 ils arrivèrent au pont Beauvoisin, limite de la France et de la Savoie, et ils durent passer la douane française ; on les fouilla rigoureusement. M. Claveau sauva une vingtaine de louis qu'il avait mis dans sa bouche ; M. Goumet avait placé les siens dans la couverture de son bréviaire, on leur laissa leurs assignats qui ne perdaient qu'un cinquième à Chambéry, et ils purent franchir la frontière.

Les troupes sardes les accueillirent à l'extrémité du pont avec les plus grands égards. M. Goumet souffrant beaucoup de sa blessure dut entrer à l'hôpital pendant que M. Claveau, qui avait d'abord pris une pension dans la ville, allait à Cogne avec quelques prêtres du diocèse de Bourges. Dès que ses forces le lui permirent, M. Goumet vint les rejoindre, mais sur l'avis de M. Thavenet, que M. de la Myre-Mory, vicaire général de Bourges, avait retiré chez lui, ils partirent tous pour Montmeillan. Les circonstances étaient critiques et plusieurs personnes les blâmaient ; il fallut passer à travers les camps ennemis, au milieu des hostilités, et franchir un pont miné par les troupes sardes. Le 22 ils partirent de Chavanes, toute la nuit le canon s'était fait entendre, ils apprirent chemin faisant que Chambéry s'était rendue ; ils passèrent par Aiguebelles, tout y était dans l'épouvante. Le 23 ils arrivaient à Saint-Jean-de Maurienne, le 24 à Lausbourg. Le 25 à deux heures du matin on vient de la part du commandant leur dire de se lever en toute hâte et de partir, l'on craint que les Français n'arrivent par les gorges de Briançon. Il faut se remettre en marche au milieu des ténèbres sans pouvoir même obtenir une lanterne à quelque prix que ce soit ! On les conduisit au pied du Mont-Cenis, qu'il fallut passer en tâtant la route avec les mains pour éviter de tomber dans les précipices. C'était un spectacle déchirant, tout fuyait devant l'invasion ; les pères et les mères traînent leurs enfants ou les portent dans des paniers (1). Enfin le 26 au soir les émigrants arrivèrent à Pilanc, le 27 à Rivoli maison de campagne du roi de Sardaigne, et à Turin. Ils ne s'y arrêtèrent que peu de temps pour s'y reposer.

Le 29, l'abbé de la Myre-Mory leur délivra une lettre de recommandation pour M. Digne alors à Rome. « Je vous adresse deux braves
« confesseurs de la foi... L'un est M. Goumet, curé dans le diocèse ;
« l'autre, M. Claveau, pareillement curé ; le premier est arrivé à Cham-
« béry où j'étais alors, blessé d'un coup de baïonnette. Je vous prie de
« leur rendre tous les services que les circonstances vous permettront
« et de n'étendre vos bontés que sur ceux du diocèse qu'ils vous diront
« les mériter... Vous pouvez présenter ces Messieurs à M. le cardinal
« de Bernis comme dignes de ses bontés. »

A la fin de la lettre, les deux prêtres signèrent pour vérification de leur identité. M. Claveau écrivit cette sentence : « Quand on a Dieu
« pour soi, peut-on craindre les hommes ? Claveau, curé de La Cha-
« pelle-Arthemalle. » En même temps le vicaire général leur donnait des lettres testimoniales pouvant leur servir de *celebret*, et ils quittaient Turin le 4 octobre. Ils s'embarquèrent sur le Pô qu'on n'avait pas vu

---

(1) Récits de M. l'abbé Claveau.

depuis trente-six ans aussi furieux ; le 6, ils arrivèrent à Valence et de là gagnaient Pavie où on refusait de les recevoir. Il fallait repartir !

Le 12, ils étaient à Plaisance ; le 13, à Crémone (1) ; le 21, à Ferrare. Le 22, M. Goumet reçoit du Cardinal-Archevêque de cette ville une lettre testimoniale remplaçant celle de l'abbé de la Myre-Mory ; il y était relaté que d'après les instructions du cardinal Zelada, secrétaire d'État de Sa Sainteté Pie VI, en date du 10 octobre 1792, il se dirigeait sur le diocèse de Cesène, d'où il ne lui serait pas permis de s'écarter sans la permission de l'Ordinaire.

Le 26 octobre, l'exilé était à Cesène, comme le prouve le visa placé au *verso*, et, accompagné de M. Claveau, il se rendait le 27 à Longiano, chez les PP. Cordeliers, où le Saint-Père avait fixé leur résidence. C'est là qu'ils devaient passer les plus mauvais jours de la Terreur, ne recevant qu'avec une extrême difficulté les nouvelles de leurs amis de France. Le 2 mai 1793, le vieil abbé Goumet, âgé de 82 ans et qui n'avait pas quitté Bourges, écrivait à son neveu :

« On crie famine partout, on enlève toute la jeunesse pour aller sur « les frontières trouver quelque pauvre curé, lui planter un coup de « baïonnette au travers du corps, à moins qu'ils ne soient maladroits « en lui faisant une blessure qui ne soit pas mortelle et dont on ne « fait que rire après qu'elle est guérie. » C'était une allusion à l'aventure de M. Goumet à Bourgoin. Il lui envoyait en même temps un mot de M. Vasseur, qui était auprès de lui, et un autre de M. Molat, curé d'Avor, renfermé chez les Cordeliers de Bourges avec une vingtaine de ses confrères.

Mgr du Chastenet de Puységur, retiré à Londres, continuait toujours à régir de loin son diocèse et à communiquer avec les vicaires généraux et les prêtres qui étaient restés en Berry munis de ses pouvoirs. Le 19 juillet de cette même année, il adressait une lettre-circulaire à tous les prêtres de son diocèse déportés pour la foi. M. Begougne, prêtre de Saint-Sulpice, la fit imprimer par ordre du prélat ; le 6 décembre, M. Dupertuis d'Argenton, prêtre du diocèse, alors à Sion en Valais, près de M. Begougne, en faisait parvenir un exemplaire à M. Goumet, en même temps il lui donnait quelques détails sur les horreurs qui se passaient en France.

Le 1er mai 1793, M. Claveau et M. Goumet étaient allés à Bologne, puis à Ferrare ; le 7, ils étaient à Venise, puis à San-Arcangelo, où arriva bientôt M. Villebanois, qui voulut les emmener en France pour les missions. Les nouvelles que reçut M. Claveau les arrêtèrent.

---

(1) Le curé de Saint-Georges y mourut le 15 ; ils partirent à pied pour Mantoue où ils arrivèrent le 16 ; à Ferrare, le Cardinal les logea chez les Bénédictins.

D'ailleurs, les quelques lettres qui pouvaient leur arriver ne contenaient que de douloureux récits.

L'anarchie était à son comble, la vie des citoyens comme leur fortune n'avait plus de sauvegarde. A Bourges, l'évêque intrus Torné, le 24 brumaire an II, était monté publiquement à la tribune, et là, devant le conseil du département du Cher dont il était président, il avait solennellement abjuré l'épiscopat et la prêtrise, regrettant, disait-il, de s'être laissé devancer par l'évêque de Paris qui était venu, accompagné de ses vicaires, à la barre de la Convention renoncer au sacerdoce. Le lendemain il s'était rendu à la réunion de la Société populaire, y avait prononcé le même discours et promis de brûler devant l'administration ses lettres de prêtrise (1). En même temps il déposait sur le bureau son anneau épiscopal et le galon de son manteau. D'autre part, les fugitifs apprenaient le dépouillement général du trésor de la cathédrale où la plupart des reliquaires avaient été portés, les châsses des saints brisées et leurs ossements dispersés après tant de siècles de vénération, les églises vendues pour être livrées au marteau des démolisseurs !

Au milieu de ces alarmes le cœur de l'excellent prêtre se tournait sans cesse vers son troupeau sans pasteur ; l'ex-capucin Singer terrorisait la commune par son cynisme. Le 8 décembre 1792 il signait encore les registres comme curé, mais, à partir de cette époque, s'étant fait nommer procureur de la commune de Jussy (2), il ne prit plus que le titre d'officier public. Le 4 novembre il enregistrait une dernière fois (3).

Comme Moulin, son prédécesseur, Singer avait fini par se marier publiquement ; il s'était déchaîné en pleine chaire contre la confession, le Pape, la messe et tous les mystères de la religion. Il avait assisté à l'enlèvement des vases sacrés remis au District de Bourges pour être fondus (4), fait briser les croix plantées sur le bord des chemins, descendre les cloches qui furent cassées sous ses yeux, enfin renverser l'aiguille du clocher lui-même (5).

L'indignation des habitants le força enfin à s'arrêter. « Obligé de
« prendre la fuite avec la femme qui l'accompagnait, on le vit renver-
« ser à terre une croix plantée sur le chemin de Bourges, vis-à-vis

---

(1) Extrait des registres de la Société populaire de Bourges (imprimé), séance du quintidi, 25 brumaire an II.
(2) Lettre du chanoine Goumet à son neveu, 2 mai 1793.
(3) Les actes suivants ne sont plus signés que du Moine.
(4) Dans l'argenterie servant ci-devant au culte et remise par les communes au District de Bourges, 19 pluviôse an II (ou 7 février 1794), on y voit provenant de Jussy : 1 calice, 1 patène, 1 ciboire, 1 custode, 1 ostensoir, le tout pesant en vermeil : 1 marc, 5 onces, 2 gros. En argent blanc : 1 marc, 3 onces, 4 gros. (On ne sait si Singer était encore à Jussy à cette époque.)
(5) Notes de M. Goumet. Les écussons des tombes de la famille de Gaucourt furent martelés par les deux intrus.

« Boisaujeu, et décharger sur elle toute sa rage, en la brisant avec sa lon-
« gue pique qu'il portait presque toujours à la main comme le
« palladium républicain..... Sa fuite honteuse fut une délivrance pour
« les habitants et les principaux de la paroisse. »

C'était par les lettres du vieil oncle que M. Goumet apprenait la marche croissante des événements ; sa mère était emprisonnée à Indreville (Villegongis) 1794. Pauvre marchande occupée à donner des soins dont elle-même avait besoin, à un mari âgé de 80 ans et infirme, elle était accusée « de faire des prosélytes dangereux à la sûreté publique ». Son intérêt pour son malheureux fils était qualifié de crime. Dans ces nouvelles angoisses le cœur du pasteur se réveillait tout entier pour ceux qu'il avait laissés par delà les monts : « Mon pauvre Jussy a-t-il
« encore son église ?... Dites à mes paroissiens que je ne les oublie pas
« dans mes prières et que tous les dimanches, quand je n'en suis pas
« empêché, j'offre exactement le Saint-Sacrifice pour eux comme si
« j'étais au milieu d'eux. » (Lettre à son oncle, 4 août 1793.)

Pendant que tous ces crimes se commettaient au nom de la liberté,
« j'étais (écrit M. Goumet dans ses notes), au fond de l'Italie où j'ai habité
« pendant près de trois ans chez les RR. PP. Cordeliers de Longiano.
« En 1796, les troupes françaises ayant fait irruption dans l'Italie, je
« quittai cet asile que la bienfaisante charité du Pape Pie VI m'avait
« accordé ainsi qu'à plusieurs milliers de prêtres catholiques, et voulant
« m'éloigner le plus possible de ce torrent d'impies et de schismatiques
« dévastateurs, je courus me jeter dans les bras mêmes du père et du
« protecteur des vrais catholiques ; les menées sourdes des scélérats
« de Rome unis avec les scélérats français ne me permirent pas un
« long séjour dans ce pays. M. Galeppi nous donna (nous étions plu-
« sieurs) des lettres de recommandation pour être placés dans le dio-
« cèse de Spoleto, capitale de l'Ombrie. Mgr Locatelli, prélat à Rome,
« écrivit aussitôt à ce sujet à son frère, évêque de Spoleto. A peine
« arrivés dans cette ville, nous fûmes accueillis par le plus charitable
« des hommes et le plus chaud protecteur des bons catholiques
« français.

« Je fus placé à Monte-Leone, frontière du royaume de Naples ; j'y demeurai environ deux ans. » Le 15 octobre il écrivait de Monte-Leone à M. Dufréné, prêtre français à Longiano : « Vous me demandez ce que
« je fais sur mes montagnes et ce à quoi je pense, je vous répondrai
« en deux mots : je tremble et je m'ennuie quelquefois ; le froid, ma
« vie sédentaire, le peu de ressources en fait de livres sont le dévelop-
« pement de ma réponse. Ne vous imaginez cependant pas que je n'aie
« que des épines à cueillir... » Pour charmer ses loisirs et tromper les longues peines de l'exil, cet esprit toujours actif s'adonnait à la botanique.

Une année plus tard, le 25 août 1797, Mgr Locatelli délivre des lettres testimoniales à M. Goumet qui songe à retourner en France. Sur l'espérance d'une réaction, tous les prêtres exilés quittaient leur asile. « Je ne m'y fiais pas, dit l'excellent prêtre, mais le départ était géné-
« ral, je partis, je passai par Perugia pour y prendre quelques prêtres
« de ma connaissance et pour rentrer avec eux. Je m'arrêtai dans
« cette ville près d'un mois (1), j'en partis enfin et me rendis à
« Florence, là toutes mes belles espérances s'évanouirent. Pichegru
« avait été prévenu, arrêté et conduit avec d'autres à la Guiane (2). »
Après cette tentative, la Révolution redoubla de rigueur contre tout ce qui pouvait lui sembler une réaction, il ne fallait plus penser au retour ! Le curé de Jussy, car il portait toujours son titre, écrivit aussitôt aux Frères de Monte-Léone sa nouvelle déception. Les bons Religieux se hâtèrent de lui répondre pour l'engager à rentrer chez eux (3), mais il préféra s'installer à Florence ; son goût pour l'étude et les arts y trouvait un ample aliment, il suivait les cours publics de botanique sa passion favorite, de chimie, même de langue anglaise, en même temps il se perfectionnait dans l'étude de la langue italienne et retrouvait dans le dévouement de quelques amis un allégement aux poignants pressentiments de son cœur. Là-bas il savait les siens poursuivis et en danger, et cette autre famille, plus chère peut-être encore à son cœur d'apôtre, abandonnée aux apostats !

Ce n'était qu'une nouvelle halte sur la longue route de l'exil, les événements se succédaient avec une effrayante rapidité, les armées de la République franchissant les frontières envahissaient les États voisins, les malheureux émigrés devaient encore fuir plus au loin. En 1799, les troupes françaises ayant chassé le grand-duc de Toscane, un édit contre les réfugiés fut porté le 9 août : la résidence en Toscane était interdite aux plus jeunes prêtres français. Dénoncé et arrêté pour être demeuré à Florence malgré la défense de l'édit, M. Goumet se mit en route vers le 20 septembre.

Il avait eu d'abord l'intention de se retirer à l'île d'Elbe, et s'était muni de lettres de recommandation pour quelques habitants de Porto-Ferrajo ; mais il préféra ensuite retourner à Césène (4). Ce ne fut

---

(1) Le 29 août 1797, il obtint un passeport délivré par Jacques, des Princes de Giustiniani, protonotaire apostolique, gouverneur général de Pérouse et président de l'Ombrie. M. Goumet est dit se rendre à Rome pour visiter les sanctuaires et de là se rapprocher des frontières de France. Le 25 septembre il fait viser ses lettres de l'évêque de Spolète à Florence.
(2) Pendant les onze années de persécution qu'endura le clergé, l'on peut citer trois périodes de recrudescence où la Révolution redoubla de cruauté. Ce fut après le 18 fructidor (4 septembre 1797) qu'eurent lieu les déportations à Cayenne et à l'île de Ré.
(3) Lettre du 27 septembre.
(4) Certificat de la police de Florence du 18 septembre 1799. Passeport du 17 septembre pour aller de Florence à Césène. Il est visé à Césène pour

pas sans de grands regrets qu'il abandonna Florence où il avait passé deux années partagées entre l'étude et la prière, de nouvelles épreuves l'attendaient d'ailleurs à Césène. « Comme les Français venaient tout
« fraichement d'en être chassés par les Russes que commandait Sou-
« varof, je trouvai à mon arrivée le peuple si furieux contre tout ce
« qui s'appelait Français, que je manquai servir de victime au ressen-
« timent et à la rage lâche et cruelle des habitants (1). Heureusement
« pendant mon séjour à Longiano j'avais vu plusieurs fois le Cardinal
« Bellisoni, évêque de Césène, Mgr Alexandre Ghiny et son épouse
« Marguerite Romagnoli, et quelques autres personnes de distinction.
« Elles tentèrent inutilement de me placer dans la petite République de
« Saint-Marin à Gatted, Servia, etc... et finirent par me proposer, pour
« me soustraire à la rage aveugle du peuple, de me faire rentrer dans
« la forteresse de cette ville, d'où j'aurais la liberté de sortir, soit pour
« dire la messe, soit pour autres besoins, et le peuple s'accoutuma si
« promptement à me voir que, trois mois après mon entrée dans la
« forteresse, je passais les trois quarts du temps, ou en ville, ou à
« botaniser dans les environs de Césène. »

Le caractère doux et conciliant de M. Goumet, et son esprit naturel des plus gais et des plus aimables lui faisaient rencontrer partout des amis ; son exil terminé il aimait à rappeler à ceux qui l'entouraient quelle dette de reconnaissance il devait à ses généreux protecteurs, particulièrement au marquis Alexandre Ghiny et à sa femme.

« Après onze mois de paix les Français revinrent de nouveau, je
« quittai ma forteresse ou j'étais logé et fourni de draps, lit, etc... Le
« marquis Ghiny m'obtint du Conseil la permission d'emporter avec
« moi tous les effets qui m'avaient été prêtés. Je me mis donc en pen-
« sion chez une bonne veuve, près la place publique, dans une maison
« attenante à la chapelle Saint-Crépin. J'y fus traité aussi bien qu'on
« pouvait le souhaiter. A la moindre alerte, au moindre nuage qui
« troublait la sérénité ou la paix dont je jouissais, je courais tantôt
« chez les illustres protecteurs dont j'ai parlé plus haut, ou chez un
« perruquier (Giamcobino Patricci), le plus honnête et le plus généreux
« des hommes ; si j'avais voulu me rendre à ses instances généreuses
« je l'aurais ruiné, je crois : nous lisions souvent ensemble le superbe
« poème de la *Jérusalem* du Tasse pour me perfectionner moi-même
« dans la langue italienne dont j'avais formé le projet de donner des
« leçons en Angleterre. »

passer outre, le 24 septembre, par le commandant de place Romagnoli, et, plus bas, vu par le même le 6 novembre pour séjourner jusqu'à nouvel ordre.

(1) Le 6 octobre il écrivait au marquis Louis degl'Albizi de Césène pour le prier de lui obtenir la permission de rester dans cette ville, prêt à en partir si après une épreuve, on trouve quelque chose à redire à sa conduite. Le 4 décembre, supplique pour se retirer à la forteresse, et le 9. autorisation du commandant Romagnoli.

Bien qu'attaché à Cesène, M. Goumet songeait toujours à regagner Florence, aussi dans ce but écrivait-il au mois d'avril 1800, aux Pères de Monte-Leone. Les bons Pères lui envoyèrent une attestation de sa parfaite régularité pendant son séjour à leur couvent, et le 15 juillet le commandant Romagnoli lui délivrait un passeport favorable.

« Les beautés de la Toscane, la belle Florence, les Cabinets, le Mu-
« séum, la Specola du prince, le jardin botanique, le docteur Ottaviano
« Targioni, le docteur Zucagni, le brave Piccinoli et toute sa famille
« m'attiraient puissamment (1). Voyant donc la Toscane plus tranquille,
« j'y retournai. Le poisson n'éprouve pas plus de plaisir à rentrer
« dans l'humide élément que je n'en ressentis en revoyant la belle
« Florence, mes amis (il y avait encore alors plus de cent cinquante
« prêtres français), les curiosités, mes amis florentins, etc.... Pendant
« que je fréquentais les académies, les orateurs publics, les écoles
« de Botanique, de Chimie et d'Agriculture et même les improvisa-
« teurs, le Saint-Siége et le Gouvernement français ourdissaient le
« Concordat pour recatholiciser ma malheureuse patrie. La nouvelle ne
« tarda pas à s'en répandre. L'enthousiasme d'un grand nombre de
« mes confrères, leur zèle, leur religion s'enflammèrent, et avant que
« rien se fût décidé, plusieurs déjà étaient partis s'embarquer à Li-
« vourne. J'eus moins de zèle ou plus de prudence ; plusieurs tombè-
« rent entre les mains des corsaires turcs, russes ou algériens, ceux
« qui rentrèrent les premiers sur le territoire français ne purent y
« entrer que de nuit et évitant les passages gardés. Aucunes lois n'é-
« taient en notre faveur, au contraire les anciennes n'ayant point été
« abrogées, la malveillance, l'impiété, le libertinage étaient les arbitres
« de nos destinées. Enfin le Concordat fut publié (2) et je quittai ma
« belle Florence. Avant de quitter l'Italie, je voulus voir une seconde
« fois Rome et ses précieux monuments, et puis je ne pensai plus
« qu'à me rendre au milieu de mon troupeau. »

Le 21 janvier 1801, nous retrouvons M. Goumet à Césène. Le 29 mars et le 12 avril il y était encore. De là il retournait à Florence (17 avril, visa de ses lettres); puis, le 6 juillet, il écrit à sa mère qui le presse de rentrer en France, qu'il cédera sans doute aux instances qu'on lui fait pour l'emmener à Rome. En effet, quelques semaines plus tard, il était dans la cité pontificale (3), et le 9 septembre, avec onze prêtres, ses

---

(1) Attestation du docteur Ottaviano Targioni, professeur de botanique, du professeur de chimie et de Giuseppe Piccinoli, gardien du jardin botanique, que M. Goumet suit assidûment tous ces cours. Ces attestations lui furent délivrées pour obtenir la permission de résider en Toscane.

(2) Le Concordat signé à Paris le 15 juillet 1881, après des difficultés inouïes surmontées par le cardinal Consalvi, ratifié à Rome le 15 août, fut sanctionné à Paris le 8 septembre. Il ne fut approuvé par le Corps législatif que le 2 avril 1802. (V. Mémoires du cardinal Consalvi.)

(3) *Celebret* délivré à Rome le 26 août 1801.

compagnons d'exil, il était reçu en audience par Pie VII, à son palais de Monte-Cavallo. Le Saint-Père, apprenant leur retour en France, leur recommanda la douceur et l'indulgence. Après dix années d'abandon, c'était une pénible entreprise que de réunir les restes dispersés de la famille religieuse.

Le 18 septembre, le cardinal Consalvi, secrétaire d'Etat, signa son passeport pour Florence ; le 4 novembre, il était encore dans cette ville et chargeait M. Claveau, son ami intime qui rentrait en France, de promettre à sa mère son retour pour le printemps. Le 22 avril 1802, après la publication définitive du Concondat, il lui écrivait que « le bon pasteur ne peut rester loin de son troupeau sans se rendre coupable aux yeux de Dieu et des hommes ». Son départ souffrait quelques retards, cinq ou six confrères ayant désiré partir avec lui (1). Le 8 mai, l'archevêque de Florence, Mgr Antonio Martini, lui délivrait des lettres dimissoires, et le cœur débordant de joie il reprenait avec ses compagnons la route de France. Ils traversèrent successivement Bologne, Parme, Modène, Turin, franchirent le mont Cenis, Chambéry (2), Lyon, qui leur rappela de si tristes souvenirs, Nevers, et le 25 juin ils rentraient à Bourges. « J'allai voir ma pauvre mère mourante à Châ-
« teauroux, et le 10 juillet je rentrai dans mon église au milieu de
« mon pauvre troupeau, enchanté au delà de l'expression, de revoir
« son pasteur, qui lui rapportait sa religion, ses sacrements, ses insti-
« tutions, ses offices, ses chants dont il avait été privé pendant près de
« dix ans ! »

A son arrivée à Bourges, M. Goumet s'était présenté au nouvel Archevêque ; Mgr de Mercy se rappelait parfaitement l'avoir vu à Ravenne. Il lui demanda où il était curé avant la Révolution, et sur sa réponse : « Allez à Jussy, lui dit-il, vous en êtes le pasteur. »

Mgr de Puységur n'avait pas, en effet, hésité à se sacrifier lui-même, et, le 15 mars 1802, il avait adressé de Wolfenbutel à M. Legroing de la Romagère une lettre où il annonçait sa démission entre les mains du Saint-Père, « l'engagement personnel que j'ai pris envers le pape
« Pie VI par la lettre des prélats députés à l'Assemblée nationale,
« écrite en 1791, le désir de concourir à l'extinction du schisme et au
« rétablissement du vrai culte...., ne m'ont pas permis de me refuser
« au vœu du Souverain-Pontife dans lequel il persévère après avoir
« connu mes humbles représentations et celles de plusieurs de mes
« collègues dans l'épiscopat (3) ». En rentrant dans sa paroisse (4), le

(1) Le 10 mai, la marquise Ghiny lui écrit pour lui souhaiter un heureux retour dans sa patrie. « Dans mes malheurs, nous dit M. Goumet, je n'ai jamais trouvé de si charitables protecteurs qu'elle et son vertueux mari. »
(2) Il passa par la Trappe d'Aiguebelle.
(3) Lettre de M. de Puységur, archevêque de Bourges, à M. Legroing de la Romagère, l'un des vicaires généraux.
(4) Le titre en règle n'est que du 15 décembre 1802, signé Villoing. Le 9 fé-

pauvre prêtre put mesurer toute l'étendue des ravages causés par l'orage révolutionnaire. Le presbytère, vendu le 3 août 1796 (13 thermidor an IV), en exécution de la loi du 28 ventôse an IV, était occupé par des locataires. M. Goumet dut donc accepter encore une fois l'hospitalité de Mme de Champgrand ; elle mit à sa disposition la maison neuve près le château. « Quelque gênante que fût cette position, j'étais
« loin de mon église et il me fallait prendre tous mes repas au châ-
« teau, je l'acceptai et j'y restai l'espace de deux ans entiers, sans
« jouir d'aucune espèce de revenu que celui de mes messes. »

Dès l'approbation par le Corps législatif du Concordat les préfets avaient requis des maires l'inventaire du mobilier de leurs églises paroissiales, si l'on peut appeler ainsi les débris qui s'y trouvaient. Le citoyen Belloc, préfet du Cher, adressa en conséquence, le 18 floréal an X (8 mai 1802), ses instructions à toutes les municipalités, et le 4 prairial (24 mai), le maire de Jussy se transporta dans l'église et la sacristie pour en inventorier les meubles (1).

Le procès-verbal fut envoyé à la préfecture ; grâce à ses habitants, hommes paisibles, l'église n'avait pas été aussi maltraitée que la plupart de ses voisines ; lorsque le 12 messidor an III les administrateurs du District avaient pris leur arrêté sur le libre usage des églises, les habitants l'avaient réclamée, se chargeant de l'entretenir et de la réparer. Il faut dire à la louange de nos contrées, que la plupart des communes en agirent ainsi, bien peu consentirent à leur aliénation, d'ailleurs les servitudes attachées à ces ventes les rendaient presque impossibles (2).

Ce fut, hélas ! dans une église entièrement dépouillée, sans vases sacrés, sans linge, presque sans ornements, que rentra le pauvre Curé ; elle était pauvre, mais au moins les autels n'avaient pas été renversés, les bancs brisés, les tableaux mis en lambeaux, et il ne trouva pas, comme dans les autres paroisses, des calices d'étain et de plomb, des ciboires de verre, des ostensoirs de fer-blanc (3). Car dans le dénûment des mauvais jours, on avait çà et là, dans les églises, essayé de rétablir l'ancien culte.

Combien même de pauvres Curés durent s'arrêter devant les portes fermées de leurs églises converties en granges ou en celliers !

Si la moisson était peu abondante, le champ à cultiver s'était considérablement agrandi, les ouvriers évangéliques étaient peu nombreux, la mort avait fait une ample moisson dans les prisons, sur les pontons

---

vrier 1804, il se fit réinstaller solennellement par M. Saget, curé de Villequiers.
(1) *Arch. du Cher.* Série Q. 1. 316. Inventaire de l'Église et de la sacristie de Jussy.
(2) Soumission des églises par les communes ou citoyens pour les conserver au culte. *Arch. du Cher*, Série Q. 1. 325.
(3) Inventaire des églises du deuxième arrondissement. *Arch. du Cher*, Série Q. 1. 316.

et sur les routes de l'exil, d'autres avaient succombé aux épreuves de l'apostolat pendant la tourmente. « Je me trouvai presque seul dans le
« canton, pour la consolation des fidèles de tous les environs :
« Crosses dont le curé s'était marié ; Savigny dont le curé était devenu
« paralytique à cause de ses longs voyages dans l'Italie ; Bengy
« dont M. Vasseur, mon intime ami, avait parcouru tout le Valais, une
« grande partie de la Suisse et qui, au moment de ma rentrée, parcou-
« rait encore les environs de Roanne, de Lyon, de Saint-Etienne et de
« l'Auvergne, faisant des missions secrètes au milieu même des plus
« forcenés jacobins ; Avor dont le curé, M. Mollat, était encore dans la
« ville de Poitiers après une douloureuse incarcération pendant le
« temps de la Terreur ; Baugy dont M. Verneuil mon ami vertueux et
« zélé était encore réfugié en Angleterre où il trouvait au milieu même
« des protestants la pitié et l'humanité qu'il n'avait pu trouver dans
« sa patrie ; Raymond dont le pasteur M. Rayel mon religieux et cher
« ami était caché et toujours errant dans Paris et les autres provinces
« après avoir éprouvé toutes les indignités, les cruautés et la barbarie
« des gens de Dun-le-Roy et de Raimond même, son ingrat troupeau,
« ayant été traîné par tous ces furieux, attaché et garotté comme un mal-
« faiteur de Raimond à Dun-le-Roy et de Dun-le-Roy à Bourges, après
« avoir trouvé plus d'une fois son salut dans la fuite, obligé tantôt de
« se cacher au milieu des joncs de l'étang de Craon, de fuir à demi
« nu au milieu de la nuit dans les bois de Raimond ; Osmery dont le
« curé s'était marié à la fille d'un cordonnier de Dun-le-Roy. Toutes ces
« paroisses étaient sans pasteur à mon arrivée au milieu de mon
« troupeau. Que de travaux ! J'y aurais succombé avec plaisir si tous
« eussent été animés des mêmes sentiments que moi. Mes désirs, mes
« prédications, mes avertissements paternels ne produisirent pas autant
« de fruit que je l'aurais désiré. Dieu m'avait ramené et envoyé pour
« arroser, mais il s'était réservé de donner l'accroissement selon les
« éternels décrets de sa justice ! »

Cependant le bon prêtre faisait tous ses efforts pour rentrer en possession de son presbytère et rendre sa position plus indépendante. Le 16 septembre 1803 l'acquéreur passait acte entre les mains du maire Blaise Fournier représentant la commune : elle rachetait le logis et l'enclos 800 francs ; malheureusement la préfecture allégua des irrégularités, la vente fut cassée, et ce ne fut que le 3 juillet que M. de Champgrand acquit au même prix l'immeuble et ses dépendances. En rentrant dans sa paroisse, le bon M. Goumet ne songea plus qu'à réparer le mal causé par dix années d'abandon. Les mémoires d'un curé de campagne n'offrent guère d'intérêt, lorsqu'ils se rapportent uniquement aux labeurs de son ministère, aussi ne le suivrons-nous pas plus loin. Tout dévoué à son troupeau, il refusa constamment les postes plus élevés. En 1813, c'est la cure de Châteauneuf-sur-Cher, vacante par la translation à Saint-Étienne de Bourges de son ami M. Vasseur. Le 26 juin 1820 il refusait également l'offre de la cure d'Aubigny.

Dans le courant de septembre 1813, Mgr Fallot de Beaumont arrivait à Bourges, nommé par l'Empereur, sans l'agrément du Saint-Père, tous les esprits étaient dans l'attente sur la conduite qu'il allait tenir, « mais, « note M. Goumet, il paraît ne vouloir point nous plonger dans le « schisme et ne prend que la qualité de vicaire capitulaire (1) ». En effet Mgr de Beaumont laissa administrer le diocèse par le vicaire du Chapitre, M. Gassot.

Puis les événements se succèdent avec une effrayante rapidité. La chute de l'Empire, le court rétablissement de Louis XVIII, les Cent-Jours, et le désastre de Vaterloo ; les armées inondent nos campagnes. M. Goumet note chaque jour le détail des troupes qui passent ou se cantonnent au village, il inscrit chaque fait sur ses registres paroissiaux, recueille les souvenirs des anciens du pays, relève partout les croix abattues, en consigne l'histoire, les tribulations de son exil ne sont pas non plus oubliées. En même temps il fait fouiller la vieille motte de Biou (2) classe un herbier de 3,000 plantes et une faune de 400 insectes recueillis en Italie. Dans un coin de son jardin il cultive plus de 300 plantes qu'il a rapportées du midi, mais que la rigueur du climat laisse dépérir. Son goût pour l'étude qui lui avait adouci les amertumes de l'exil ne lui rendait pas moins chère sa petite paroisse, son église fut entièrement reparée et abondamment pourvue d'ornements et de vases sacrés grâce aux pieux châtelains. Quelques années plus tard, sauf son aiguille découronnée, la vieille église ne rappelait rien des dévastations de 93.

C'est au milieu de ces œuvres de zèle et de charité que s'éteignit, le 8 septembre 1837, ce confesseur de la foi. Il avait 79 ans ; toute sa longue vie si péniblement agitée n'avait été remplie que d'un seul désir, servir le Dieu pour lequel il avait tout quitté, famille et patrie. Le 10 septembre son corps fut inhumé dans le cimetière près de l'église, par M. Johanneau curé de Bengy-sur-Craon en présence des curés de Villequiers, Saint-Just, Osmery, Vornay, Plaimpied, Baugy, Savigny, de M. F. de Champgrand, sulpicien, et de l'abbé Doria, espagnol.

Mais avant de quitter cet excellent prêtre, dont toute la paroisse

---

(1) Le siège après la mort de Mgr de Mercy jusqu'à la nomination de Mgr de la Tour resta vacant (févr. 1811 à sept. 1819).
(2) Mai 1828. Il fait fouiller la motte de Biou et n'y trouve que des ferrailles, briques, ossements d'animaux. Cette motte, faite de main d'homme, doit avoir été l'assiette d'un ancien château, et non un tumulus comme le croyait M. Goumet. En 1814, il avait reçu la décoration du lys.

garde le pieux souvenir, nous voulons rappeler le vieux noël qu'il fit composer par M. Vasseur en 1805. Les hameaux et domaines de Jussy sont convoqués au pied de la crèche, le maire et les personnages du bourg sont mis en scène avec cette naïve simplicité d'autrefois qui donne tant de charme à ces vieux refrains.

Sur l'air : *Tous les bourgeois de Chartres.*

En ce jour que les anges
Invitent l'univers
A mêler leurs louanges
Aux célestes concerts,
Jussy, reveille-toi, c'est ton Dieu qui t'appelle,
De chaque hameau tour à tour,
Il attend le tendre retour
D'une amitié fidèle. } (*Bis.*)

Les deux Ravois en tête
Du pieux régiment,
Paraîtront à la fête
De l'adorable Enfant,
Rendant à leur auteur les dons de la nature,
Ils porteront des sacs de grain
Que le meunier moudra soudain
Sans prendre sa mouture. } (*Bis.*)

Craon pour le saint voyage
Marchera le second,
Chargé de bon fourrage,
Pour le bœuf et l'ânon.
Son étang doit tribut au palais de l'étable
De gibier et de poisson frais,
Pluviers, vanneaux, carpes, brochets
Il fournira la table. } (*Bis*).

Les Biou à sa suite
S'avancent à grands pas
Portant toisons d'élite
Avec des agneaux gras.
Le bruit même a couru que plus d'une bergère
Veut filer avant de l'offrir
La laine qui doit revêtir
Et l'enfant et la mère. } (*Bis.*)

Maison-Rouge, Coyère,
Voyez le nouveau-né
Au froid, à la misère
En naissant condamné.
De sa peine pour vous que la rigueur est grande
Vous irez donc chercher du bois
De chaque maison, deux charrois, } (*Bis.*
Feront toute l'affaire.

Partez Gachonnerie,
Vous aussi Bois-au-Jeu.
Car vous brûlez d'envie
D'adorer votre Dieu.
Voire zèle me plaît, mais faites-le paraître
En portant nombre de fagots
Afin de chauffer les drapeaux } (*Bis.*)
De votre divin Maître.

Bourg accepte sans peine
Ta destination,
Tu fermeras la chaîne
De la procession.
Jésus connaît le prix de ton sincère hommage,
Présente au Fils de l'Éternel
De l'argent, du beurre et du miel } (*Bis.*)
Que faut-il davantage ?

A la crèche divine,
Voilà tout le troupeau,
Pasteur (1), prends ta buccine,
Enfle ton chalumeau.
De ta vielle, Vincent, fais briller l'harmonie,
Maire, accorde ton violon,
Et tous, endormez le poupon } (*Bis.*)
Dans les bras de Marie.

Ah ! dit le berger Edme,
Que je souffre de voir
La Majesté suprême
En si triste manoir.
Nous avons un château, n'est-ce pas là sa place?

(1) M. Goumet.

Il trouvera dans ce lieu
Bonne table, bon lit, bon feu
Et surtout bonne grâce. *(Bis.)*

O vous, tendre Victime,
Qui noyez dans les pleurs
L'énormité du crime
Des plus ingrats pécheurs,
De nos cœurs réunis, soyez le roi, le père,
S'ils sont innocents à vos yeux,
Ils vous seront plus précieux
Que tout l'or de la terre. *(Bis.)*

Baron T. DE BRIMONT.

FIN.

Bourges, imp. E. Pigelet et fils et Tardy, rue Joyeuse, 15.

www.ingramcontent.com/pod-product-compliance
Lightning Source LLC
Chambersburg PA
CBHW070522050426
42451CB00013B/2811